Bibliografische Information der Deutschen Nationalbibliothek:

Die Deutsche Bibliothek verzeichnet diese Publikation in der Deutschen National-
bibliografie; detaillierte bibliografische Daten sind im Internet über http://dnb.d-
nb.de/ abrufbar.

Impressum:

Copyright © 2013 GRIN Verlag
Druck und Bindung: Books on Demand GmbH, Norderstedt Germany
ISBN: 9783346079282

Dieses Buch bei GRIN:

https://www.grin.com/document/502930

Maximilian von Westerheide

Der Religionsunterricht vor und nach der Würzburger Synode

GRIN Verlag

GRIN - Your knowledge has value

Der GRIN Verlag publiziert seit 1998 wissenschaftliche Arbeiten von Studenten, Hochschullehrern und anderen Akademikern als eBook und gedrucktes Buch. Die Verlagswebsite www.grin.com ist die ideale Plattform zur Veröffentlichung von Hausarbeiten, Abschlussarbeiten, wissenschaftlichen Aufsätzen, Dissertationen und Fachbüchern.

Besuchen Sie uns im Internet:

http://www.grin.com/

http://www.facebook.com/grincom

http://www.twitter.com/grin_com

Fachbereich: 3.3 Katholische Theologie

Seminar: Religionspädagogik

WS 2012/13

Abgabedatum: 31.03.2013

Christlicher Religionsunterricht im 20. Jahrhundert

Der Religionsunterricht vor und nach der Würzburger Synode

Inhaltsverzeichnis

1. Einleitung

Die folgende Seminararbeit handelt von der Veränderung des Religionsunterrichts im 20.
Jahrhundert. Im Laufe der Jahrzehnte kam es immer wieder zu gesellschaftlichen und politischen
Umbrüchen und somit änderten sich auch die Erwartungen und Bedürfnisse an die dazugehörige
Bildungslandschaft. Besonders der Religionsunterricht mit seiner Doppelfunktion als Glaubens-
und Wissensvermittler, musste sich ständigen Veränderungen und Anpassungen unterziehen.
Diese Hausarbeit erläutert, in chronologischer Vorgehensweise, wie und welchen Veränderungen
sich der Religionsunterricht unterzogen hat. Anhand von historisch prägnanten Ereignissen wird
erklärt, welche didaktischen, pädagogischen aber auch theologischen Anpassungen stattfanden.

Zu Beginn wird der Begriff der „Katechese" erklärt, um erste Eindrücke über das kirchliche
Lehrverständnis zu bekommen. Nach dieser Einführung folgen zwei Beschreibungen des
Religionsunterrichts, vor und nach dem Zweiten Weltkrieg.
Anschließend werden Sinn und Inhalte der Würzburger Synode um 1974 erläutert, da diese den
eigentlichen Wendepunkt in der Religionspädagogik markierten und ein Öffnen der Kirche zur
Gesellschaft und dem Bildungssystem darstellt.
Über die Gestaltung in Sachen Theologie, Pädagogik und Didaktik des Religionsunterrichts im
Kontext zu den Instanzen Staat und Schule wird in den beiden letzten Kapiteln Bezug genommen.
Im letzten Kapitel wird nochmals deutlich, welchen theologischen und dennoch gesellschaftlichen
Mehrwert der heutige Religionsunterricht mit sich bringt.

2. Begriff des Katechismus

Im Allgemeinen wird mit dem Begriff Katechese seit jeher die Glaubensweitergabe in Verbindung gebracht. Das mündliche Überliefern und Erklären der theologischen Glaubensinhalte bezog sich vor allem auf das Apostolische Glaubensbekenntnis, das Vaterunser, die Zehn Gebote und die heiligen Sakramente. Diese Bibellehren zielten darauf ab, den Mensch auf den Taufakt und das Christsein vorzubereiten und ihn so zu einem Gläubigen im Sinne der Kirche zu machen.

Zu Beginn des 20. Jahrhunderts trat zu dieser bis dato einseitigen und nüchternen Glaubensunterweisung, erstmals die Frage nach der Methodik der christlichen Unterweisung in den Vordergrund.

Das Augenmerk richtete sich nun auf die Art und Weise der Vermittlung und ein differenzierter Unterricht gewann an Bedeutung für die Verkündigungen der biblischen Lehre.

Es ging nicht mehr nur um das reine Wissen über den christlichen Glauben, sondern auch vielmehr um die Verwirklichung des Glaubens in der eigenen Lebenswirklichkeit der Menschen.

Dieser Sprung der Katechese, von der reinen Bibelkunde der Vergangenheit, hin zum realitätsbezogenen theologischen Lernen, nennt man das „Lehrstück-Katechismus". [1]

Ziel des katechetischen Unterrichts, der frühen Dekaden des 20. Jahrhunderts, war es das eigene Leben aus dem Glauben heraus zu gestalten, Mündigkeit zu schaffen und Familie, Beruf und Gesellschaft verantwortlich gegenüber zu treten.

Daher ist die Katechese, der Brückenschlag zwischen Glauben und Glaubenswilligen. Im Idealfall sollte diese Interaktion in einem Christenleben nie aufhören. Im Gegenteil, es sollte ein ständiger iterativer Prozess der Auseinandersetzung mit der theologischen Lehre sein, die dem Christ helfen soll, das eigene Leben und das Leben der Mitmenschen zu komplementieren. [2]

3. Der Religionsunterricht vor der Würzburger Synode

3.1 Religionsunterricht speziell von 1933-1945

In der frühen Hälfte des 20. Jahrhunderts, speziell in den Jahrzehnten von 1933 bis 1945, wurde der Religionsunterricht und damit auch der Religionslehrer regelrecht instrumentalisiert.

Seine eigentlichen Aufgaben, nämlich der Vollzug der Katechese und den Dienst an der Gemeinde, speziell in der Unterrichtung und Einführung von Kindern und Jugendlichen zum christlichen Leben, wurden ihm entzogen.

Zwar war der Religionsunterricht seit dem 20.07.1933, nachdem Reichskonkordat zwischen Papst Pius XI und dem Deutschen Reich ein ordentliches und eigenständiges Schulfach, doch die Nationalsozialisten verletzten dieses Dekret zunehmend.

Besonders für Adolf Hitler stand die Erziehung zum vaterländischen und staatsbürgerlichen Pflichtbewusstsein im Vordergrund. Er nutze die damaligen pädagogischen Erkenntnisse, um sie seinen eigenen nationalsozialistischen Zielen dienbar zu machen. Mit zunehmender Machtexpansion der Nationalsozialisten, sank auch der Anteil am katholischen Religionsunterricht auf den Stundentafeln. Der biblisch und an Nächstenliebe ausgerichtete Religionsunterricht war in dieser Zeit des 20. Jahrhunderts vom Regime schlicht nicht mehr erwünscht. [3]

3.2 Nach dem zweiten Weltkrieg

Nach 1945, speziell in der Wiederaufbauphase Deutschlands, wurde der Religionsunterricht im Grundgesetz verankert und in das staatlich organisierte Schulsystem eingegliedert.
Ab dieser Phase wurden wieder die kirchlichen und biblischen Inhalte des Christentums gelehrt. Der Fokus lag nun wieder auf einem Erziehen und begleiten der Jugendlichen hin zu den christlichen Wer ten. [4] Die Qualität des Unterrichts stieg zwar aufgrund didaktischer und pädagogischer Erkenntnisse, doch waren die Inhalte und Strukturen noch immer sehr katechetisch ausgerichtet und zielten immer noch zu stark auf die reine Glaubensweitergabe und Erschließung kirchlicher Glaubensüberzeugungen ab. [5]

So kam es, dass die Stimmen nach einem individuellerem und pluralistischem Religionsunterricht lauter wurden. Die Kirche als Institution, war nicht schuld am Verfallen des biblisch-religiösem Wissens, sondern die deutsche Nachkriegsgesellschaft wollte sich von diesen überholten und altmodischen Anschauungen lösen.

Es wurde von der Kirche verlangt sich kritisch mit der Historie auseinander zusetzen und sich an den Realproblemen der Gesellschaft und Schüler zu orientieren. [6]

Religionsunterricht sollte also nicht mehr als reine Katechese in der Schule vollzogen werden und brauchte daher eine neue Akzeptanz aus der Gesellschaft heraus. Aus diesen Bedürfnissen wuchs der Druck auf die Kirche darauf zu reagieren und die deutschen Bischöfe nahmen sich dieser Probleme in der im nächsten Abschnitt erläuterten *Würzburger Synode* an.

4. Die Würzburger Synode

Die Würzburger Synode, welche von 1972 – 1975 gehalten wurde, ist der Versuch die Inhalte des 2. Vatikanischen Konzils in der Bundesrepublik Deutschland zu verfestigen. [7] In diesem Konzil sollte zum einen der theologische Reformgeist, sowie ein politischer und gesellschaftlicher Diskurs geführt werden. Ursprung dieser Ansätze sind u.a. die 68er-Bewegungen, das Aufbegehren gegen Autorität, der antikirchliche Zeitgeist, hohe Abmeldezahlen des Religionsunterrichts, sowie die teilweise Abschaffung der Bekenntnisschulen.

Aus dieser Ausgangssituation erarbeiteten die Bischöfe des Konzils das s. g. *Konvergenzmodell* welches theologische Kernaspekte mit Gesellschaftlichen Forderungen und einer gemeinsamen Verantwortung von Staat und Kirche miteinander verbindet. Mit diesem Modell, löste sich die Kirche von einer 170-jährigen Tradition der reinen Gemeindekatechese, mit dem Ziel den Religionsunterricht methodisch, didaktisch, kritisch und reflektierend zu gestalten.
Fragen nach dem Sinn des Lebens oder nach der Existenz Gottes oder was kommt nach dem Tod stehen nun im Zentrum des Unterrichts.
Dieser „aufgeklärte" Religionsunterricht soll die jungen Menschen motivieren ihr Leben selbst religiös bestimmen zu können und nach ihrem persönlichen Glauben zu verwirklichen. [8]

„Für die schulische Praxis zeitigte dieser Beschluss bedeutsame Auswirkung bis in die didaktische und methodische Konzeptionen hinein, insofern er dazu anhielt, immer neu beides zu berücksichtigen und aufeinander zu beziehen, die Situation der Schülerschaft auf der einen und die Glaubensüberlieferung auf der anderen Seite. Vor allem in der Korrelations- und Symboldidaktik fand das seinen konzeptionellen Niederschlag." [9]
Die Herausforderung liegt also darin, dass der Religionsunterricht in die Verantwortung der Schule gestellt wird, dennoch aber die Katechese von Kirchenseite her wahrgenommen wird, indem sie die mit der „missio canonica" [10] ausgestatteten Lehrkräfte stellt . [11]

5. Religionsunterricht nach der Würzburger Synode

5.1 Der „neue" Religionsunterricht im Kontext Kirche & Staat

Die Kirche hat den Ort der religiösen Bildung der Schule überlassen und übergibt Organisation und Struktur in die staatliche Hand. Da der Staat jedoch keinerlei Einfluss auf den religiösen Lehrplan hat, bietet die Kirche hier eine Kooperation zwischen den beiden Partnern an. Diese gegenseitige Zusammenarbeit wird „res mixta" [12] genannt.

Die „res mixta" bildet das Instrument, mit dem die Kirche ihre Interessen in den Schulen vertreten kann und so einen aufgeschlossenen, aber dennoch theologisch orientierten Unterricht waren kann. Die Kirche erwartet daher vom Religionsunterricht, dass Fragen des Glaubens, also Wer bin ich?, Wo komme ich her?, Was ist gut und böse?, Wer ist Gott? und Wie kann mir Glaube in meinem Leben helfen? behandelt werden. Vor allem aber, soll der Religionsunterricht zum verantwortlichen Denken und Handeln befähigen, denn dadurch werden zugleich auch Tugend und Toleranz gelehrt, auf die die Kirche in den Jahren vor der Würzburger Synode großen Wert legte. [13]

Eine Tradierung des christlichen Glaubens kann also nur im Kontext zu Kultur und den gesellschaftlichen Belangen geschehen. [14] Deswegen ist die Unterrichtung der christlichen Religion, im Umfeld der Schule [15], für die Kirche und gleichzeitig für den Staat, mit seinen sozialpolitischen Problem, von größter Bedeutung. Während der Staat also Wert darauf legt, mündige und gesellschaftsfähige Menschen mit sozialen Fähigkeiten zu formen, geht es der Kirche nicht nur um das reine Wissen der christlichen Theologie, sondern vielmehr um die Erschließung von Religion und Glaube als Wertequelle selbst. [16]

5.2 Der „neue" Religionsunterricht im Kontext Schule & Gesellschaft

Die Instanz Schule, sowie die Schüler selbst haben im Prinzip die gleichen Erwartungen und

Hoffnung an den heutigen Religionsunterricht.

Zunächst betrachten wir den Erwartungsstand der Schule: In Anbetracht der Tatsache, dass der

Religionsunterricht als „ordentliches Fach" in der deutschen Verfassung niedergeschrieben ist, wird

deutlich welche Bedeutung der Staat, als Lenker der Bildungsstruktur, diesem Fach zumisst. [17]

Aber will der Staat und die Schule damit tatsächlich die reine Missionierung der Kirche in ihren

Räumen walten lassen?

Nein, denn die Schule agiert hier praktisch als Nutznießer des Religionsunterrichts und versucht die

positiven Elemente des „bildenden Religionsunterricht" für eine allgemeine Schüler(aus)bildung zu

nutzen und betont dabei das „sinnvolle Lernen" im Religionsunterricht.

„Soll es einem Lehrer gelingen, einen jungen Menschen zur Einsicht in die Sinnhaftigkeit des

Evangeliums und zu einem verantwortlichen Handeln aus der Lehre und Gemeinschaft Jesu Christi

zu führen, dann muss er sein Tun als Erfahrungslernen begreifen. Er muss diesen jungen Menschen

dort aufsuchen, wo er im Augenblick behaust und beheimatet ist, um ihn vom Standort seiner

eigenen, jetzigen, unmittelbar berührenden Erfahrung her auf einen Weg zu führen. Um dem

gerecht zu werden, muss das Schulfach Religion den Umstand, dass *Sinn-Erfahrung Weg-*

Erfahrung ist, in Unterrichtsdimensionen umsetzen." [18]

Aus diesem Zitat wird deutlich, welchen Anspruch die Schule an den Religionsunterricht stellt. Den

Schülern soll bei ihrer Selbstfindung geholfen werden, ihnen sollen Sinnfragen und Eigenrolle in

der Gesellschaft vermittelt werden, es sollen Wege gezeigt und die Wahrnehmung des Lebens um

sie herum geschult werden. [19]

Zu dieser Legitimation gesellt sich die pädagogische Legitimation des Religionsunterricht, hier geht es um die ganzheitliche Bildung von Persönlichkeit und Charakter des Schülers, die durch Methoden und selbständiges kritisches Lernen elaboriert werden sollen. [20]
So wird erwartet, dass der Religionsunterricht den Schülern, welche noch keinen klaren Lebensweg gefunden haben und anfällig für Demagogen und andere religiöse Gruppierungen sind, die individuellen Fähigkeiten und Kräfte in ihnen weckt. [21]
Der oben angeführte Synodenbeschluss, hat also nicht nur die Belange der Kirche, bezüglich der religiösen Bildung erfüllt, sondern auch zugleich die pädagogischen Anforderung der Schule.

Es fällt auf, dass von Schulseite her ein mehr an Kompetenz vom Religionsunterricht gefordert wird. Aber auch hier sind für Schulen nicht nur harte Fakten von belang, sondern auch „weiche" Faktoren von Bedeutung. Daher bereitet der moderne Religionsunterricht den Schülern auch Freude, weckt Neugier, motiviert, fördert und fordert zur Mitarbeit auf und wird von den Schülern und Schule als wichtig und relevant gesehen werden.

Folgende Ausführungen zeigen dar, was der moderne Religionsunterricht dem heutigen Schüler bieten kann: Zunächst wird der Schüler und seine Alltagsprobleme verstanden und wahrgenommen, aber am wichtigsten ist, dass Schüler die „Sprache" des heutigen Religionsunterrichts verstehen. Biblische Texte oder lateinische Fremdwörter werden und wollen nicht vom Schüler verstanden werden. Worte wie, Gnade, Versöhnung, Erlösung oder Offenbarung lösen beim Schüler eine automatische Abwehrreaktion aus, die nur schwer wieder durchbrochen werden kann. Der moderne Schüler will also vom modernen Religionsunterricht gepackt, gefesselt und inspiriert werden. [22]

Der Religionsunterricht spricht die Schüler daher mit realitätsbezogenen Lebenssituationen an, welche da sein können:

- Menschliche Grunderfahrung (Sehnsucht, Hoffnung, Leid,...)
- persönliche Lebensorientierung (Wahrhaftigkeit, Toleranz,..)
- Gestaltung sozialer Lebenswelten (in Gerechtigkeit, Solidarität und Frieden)
- Natur als Mitwelt (Schöpfung, Umkehr, Lebensstil) [23]

Durch diesen „echten" Bezug zu den Lernenden, entsteht bei den Schülern das Gefühl des „Ernstgenommen"-werdens. Der moderne Unterricht stellt also nicht nur eine pädagogische und didaktische Qualitätsverbesserung im theologischen Sinne dar, sondern baut zudem eine persönliche Verbindungen und ein echtes Interesse am Schüler auf.

Im besten Fall, begleitet ein Religionslehrer eine Schülerklasse über mehrere Jahre hinweg und kann so maßgeblich zur Reifung, Wegfindung und theologischer Eigenständigkeit der Jugendlichen beitragen. Denn nicht nur die Kirche, der Staat oder gar die Schule als Einrichtung selbst hat Interesse an diesen Lernentwicklungen, sondern auch der Schüler selbst wünscht sich über die Fragen des christlichen Glaubens und Lebens aufgeklärt zu werden. [24]

Zum großen Teil stellt der Religionsunterricht die Erziehung und Einführung in gesellschaftliches Leben junger Menschen und das soll er auch, dennoch erfüllt der Religionsunterricht nicht nur eine reine „gesellschaftliche Funktion". Vielmehr erfüllt er auch die Funktion der christlichen Sozialisation. Diese wichtige Doppelfunktion, hat es der Kirche in der Vergangenheit und auch in der Gegenwart erlaubt, den Religionsunterricht weiterhin als „ordentliches Schulfach" zu proklamieren und legitimieren. [25]

6. Fazit

Abschließend kann man sagen, dass der Religionsunterricht nach der Würzburger Synode, mehr denn je seine Daseinsberechtigung hat. In ihm werden viele Funktionen erfüllt, die einerseits wichtig für die christliche Kirche sind und andererseits der Gesellschaf t ihren Nutzen bringen.

Als großen Fortschritt in der Religionspädagogik, wäre die Orientierung am Schüler zu nennen. Es ist wichtiger denn je geworden, auf die jungen Menschen von heute einzugehen und zu reagieren, ihnen einen Weg in der Gesellschaft aufzuzeigen und ihnen gleichzeitig die Werte des Christentums weiterzugeben. Dadurch, dass sich der Religionsunterricht mehr an den Schülern orientiert, fällt es den Jugendlichen auch leichter sich auf den christlichen Glauben einzustellen, da das Angebot der Kirche zur Gemeindekatechese kaum noch von Jugendlichen wahrgenommen wird, bietet der Religionsunterricht ideale Bedingungen, um den Heranwachsenden den christlichen Glauben näher zu bringen, ohne dabei zu Missionieren.
Der heutige Religionsunterricht ist somit viel mehr das fruchtbare Ergebnis aus der Zusammenarbeit von Staat, Schule und Kirche.

7. Bibliographie (alphabetisch)

- Die deutschen Bischöfe: Allen Völkern sein Heil. Die Mission der Kirche, Bonn 2004.

- Die Deutschen Bischöfe: Zum Religionsunterricht an berufsbildenden Schulen, Bonn 1991.

- Kongregation für den Klerus, Allgemeines Direktorium für die Katechese, Bonn 1997.

- Langer, Wolfgang: Religionsunterricht in einer „nachchristlichen" Gesellschaft, Hildesheim – Zürich – New York 1985.

- Läpple, Alfred / Janson, Udo: Kleine Geschichte der Katechese, München 1981.

- Lehmann, Karl:Schulischer Religionsunterricht und Gemeindekatechese, in: Gemeinsame Synode der Bistümer in der Bundesrepublik Deutschland, Offizielle Gesamtausgabe II, Freiburg im Breisgau 1977.

- Mette, Norbert: Religionspädagogik. Religionsunterricht in der Schule, Düsseldorf 1994.

- Nastainczyk, Wolfgang: Katechese: Grundfragen und Grundformen, Paderborn/München 1983.

- Religionsunterricht in der Schule. Ein Beschluss der Gemeinsamen Synode der Bistümer der Bundesrepublik Deutschland (1974), in: Arbeitshilfen 66, Bonn 1998.

- Scholl, Norbert: Religionsunterricht 2000. Welche Zukunft hat der Religionsunterricht?, Zürich 1993.

- Stoodt, Dieter: [Die Zeit des Nationalsozialismus] Religionsunterr icht, in: Theologische Realenzyklopädie, hg. v. Gerhard Müller, Bd. 29, Berlin/New York 1998, S. 39.

- Stoodt, Dieter: [Nach dem zweiten Weltkrieg] Religionsunterricht, in: TRE, Bd. 29 1998 S. 39.

- Weidmann, Fritz: Religionsunterricht in Vergangenheit und Gegenwart, in: Didaktik des Religionsunterricht, 2002.